Marion Jana Goeritz

Stille Momente

Bibliografische Information der Deutschen Nationalbibliothek:

Die Deutsche Nationalbibliothek verzeichnet diese Publikation in der Deutschen Nationalbibliografie; detaillierte bibliografische Daten sind im Internet über http://dnb.dnb.de abrufbar.

© 2016 Marion Jana Goeritz

Coverbild: Marion Jana Goeritz

Herstellung und Verlag: BoD – Books on Demand, Norderstedt

ISBN: 978-3-7431-1586-6

Herzlich Willkommen liebe Leser,

manchmal suchen wir die stillen Momente in unserem Leben. Oft dann, wenn es um uns viel zu laut geworden ist. Diese innere Einkehr schenkt uns die Möglichkeit wieder zu uns selbst zu finden, sollten wir von unserem Weg abgekommen sein.

Viel Freude beim Lesen und Anschauen und vielleicht beim Innehalten.

Herzlichst

Marion Jana Goeritz

Es waren die stillen Stunden
in denen ich zu mir fand
weit ab vom Trubel
der schnelllebigen Zeit
es waren die liebevollen Momente
an mich selbst
die mich meine Seele
fühlen lassen haben
es waren die guten Gedanken
die sich im Kerzenschein
noch erhellten
um meinen Glauben
an mich selbst zu stärken
es sind noch immer
die stillen Stunden
in denen ich immer wieder zu mir
zurück finden darf

Es sind die leisen Momente
die mir erzählen können wer ich bin
es ist die in Liebe getauchte Seele
die sich erinnert in mir zu wohnen
und mich zurückhält
von dem was nicht gut ist
manchmal
fühlte ich mich
in diesem Momenten allein
doch mein Innehalten
tat nicht nur meiner Seele gut
auch meinem Geist

Ruhe ich in mir
fühle ich den starken Glauben
an dass
was ich nicht sehen kann
kein Außen
verklärt meine Sicht
meine Gefühle
erzählen von Engeln
und das sie fliegen Tag und Nacht

Es sitzt ein Engel am Fenster
seit gestern Nacht
leise schaut er auf mich
mein Gefühl
erzählt mir von Liebe

Manchmal
kurz vorm Schlafen gehen
dachte ich leise an den Tag
der sich auch zur Ruhe bettete
schloss ich meine Augen sanft
hörte ich sie singen
eine liebliche Melodie begleitete sie
ich fühlte ein Lächeln
auf meinem Gesicht
in meiner Seele Frieden

Begrüßt der Abend
die letzten Sonnenstrahlen
fährt Hoffnung in mein Herz
morgen wird wieder ein heller Tag
und doch zünde ich
ein Lichtlein an
ein Engel
bewacht es über Nacht

In den stillen Momenten
in den Augenblicken
nach dem Tun
schaut mein Auge
gern in dein Licht
es fühlt die Wärme
die es im Außen vermisst
mein Herz
es füllt sich mit Liebe
die es aus meiner Seele schöpft

Am Abend in der Stille
wenn das Tagwerk vollbracht
erzählte man sich Geschichten
die einst von weit her mitgebracht
es waren drei wunderschöne Engel
sie saßen liebend beisammen
bewachten das Licht der Liebe
und schenkten es den Menschen

Es ist einer der kleinen Engel hier
der sich durch die Nacht bewegt
sein Flügelschlag
klingt ganz sanft
wie eine Harfenmelodie
und fliegt er nachts
am Mond vorbei
sieht man ihn im hellen Schein
das Mondlicht
fällt auf seine Flügel
glitzernd schön funkeln sie
durch die sternenklare Nacht
bis der Morgen frisch erwacht

Leise
spricht ein Engel
schau in mein Gesicht
fühle meine Flügel
siehst du sie auch nicht
sie schützen dich und deine Lieben
bei Tag und auch bei Nacht
leise
spricht der Engel
ich halte für dich wacht

Wenn der Abend
lauter wird
die Ruhe stiller
der Frieden
in der Seele wohnt
das Herz
voller schöner Erinnerung
dann bin ich ganz bei mir

Es dämmert der Abend langsam an
die Kerzen sind entzündet
ihr Licht
schenkt einen schönen Schein
und ich fühle Liebe

Die Gedanken vom Tag
manchmal
möchten ihren Raum
leise ziehe ich mich zurück in mich
in meine Stille
höre meinen Gedanken zu
und lass sie danach ziehen
in das Niemandsland
die Gedanken vom Tag

Ein Engel zu Besuch
du hast ihn um Beistand gebeten
so nimmt er dir die Traurigkeit
auch die Angst vor der Nacht
sanft legt er seinen Flügel über dich
und du darfst fühlen
es wandelt sich

Am blauen Meer
da wo das Land weit
und die Wellen hoch sein können
bin ich so gern mit mir allein
und am Abend
wenn ein Schiff weit draußen fährt
scheint es manchmal
als wenn es
den Sternenhimmel aufdeckt
eine funkelnde Decke
über mir
und ein sternenklares Meer

Ruht meine Seele aus
so ist es still in mir
das Laute im Außen verstummt

Am Abend

wenn der Seelenmantel

sich schließt

die Seele ruht

kehre ich ein

in meine Stille

Der Abendwind

er singt sein Lied

leise

immer leiser

ich summe mit

und in mir fühle ich

der Tag

geht auf die Reise

Stille

in ihr wird kein Gedanke laut

die Gefühle schweigen

es ist

als ob in dieser Zeit

das Leben sich neu bereitet

Noch immer

steht der alte Schrank im Zimmer

das Holz ist bunt bemalt

und der Lack ist ab

ein Bild

aus alten Kindertagen

es steht noch immer

auf dem alten Platz

das Abendlicht

es fällt in das Zimmer

die weißen langen Vorhänge

berührt leise der Wind

mit meiner Erinnerung im Herzen

schaue ich

auf die bekannten Gesichter

in meiner Seele Niemandsland

spürbar
der Wind wird lauter
mein Blick
verfängt sich
an einem bunten Band
Gedanken kommen wieder
du hast sie alle gekannt

Von Marion Jana Goeritz ebenfalls beim Verlag BoD erschienen (BoD Books on Demand, Norderstedt, nähere Informationen finden Sie unter www.BoD.de)

„Liebe für die Seele Band 1"
ISBN 978-3-7357-4045-8

„Liebe für die Seele Band 2"
ISBN 978-3-7357-7734-8

„Seelenweiß"
ISBN 978-3-7347-5769-3

„Seelen essen Liebe gern"
ISBN 978-3-7347-8706-5

„SeelenEngel" ein spiritueller Erfahrungsbericht
ISBN 978-3-7386-2588-2

„SeelenSchlüssel"
ISBH 978-3-7386-3844-8

„Seelenfarben"
ISBN 978-3-7386-3947-6

„Seelenschimmer"
ISBN 978-3-7386-4014-4

„Seelenfinden"
ISBN 978-3-7386-4037-3

„Ein Gefühl meiner Seele"
ISBN 978-3-7386-1506-7

„Seelenfrieden" Danken, Bitten, Entspannung ein persönlicher Erfahrungsbericht
ISBN: 978-3-7386-4884-3

„Seelenweihnacht"
ISBN: 978-3-7386-5616-9

„Im Land unter dem Regenbogen" Wunderbare Märchen und unglaubliche Geschichten
ISBN: 978-3-7392-0115-3

„Freddy und seine Geschichten"
ISBN: 978-3-7386-3321-4

„SeelenWorte"
ISBN: 978-3-7392-0455-0

„Herzanker"
ISBN: 978-3-7392-3482-3

„Im Fluss der Liebe"
ISBN: 978-3-7392-3489-2

„Seelenklänge"
ISBN: 978-3-7392-3532-5

„Liebeslied"
ISBN: 978-3-7392-3548-6

„Wahre Traumtänzerin"
ISBN: 978-3-7392-3556-1

„Emilia Sommerfeld"
ISBN: 978-3-7392-3787-9

„Für mich war es Liebe"
ISBN: 978-3-8423-5362-6

„Kaleidoskop"
ISBN: 978-3-8423-5738-9

„Die verzauberte Wiese"
ISBN: 978-3-7412-0772-3

„Seelenbrücke"

ISBN: 978-3-7412-0890-4

„Wetterleuchten"

ISBN: 978-3-7412-2740-0

„Zentrifuge"

ISBN: 978-3-7412-4011-9

„Für Dich"

ISBN: 978-3-7412-4018-8

„Hannos Geschichten"

ISBN: 978-3-7412-9373-3

„Das Eulenherz"

ISBN: 978-3-7431-0009-1

„Eine Reise irgendwo hin"

ISBH: 978-3-7421-0042-8

„Ist das wirklich wahr?"
ISBN: 978-3-7431-1549-1

Weitere Informationen zu Neuerscheinungen finden Sie immer auf meiner Seite www.buchkaleidoskop.Reikipraxis-Goeritz.de